Indaga

Adaptación didáctica, notas y actividades por **Margarita Barberá Quiles**

Ilustraciones de **Emiliano Ponzi**

Redacción: Valeria Franzoni
Diseño y dirección de arte: Nadia Maestri
Maquetación: Gloriana Conte
Búsqueda iconográfica: Laura Lagomarsino

© 2008 Cideb Editrice, Génova

Primera edición: mayo de 2008

Búsqueda iconográfica: Archivo Cideb; De Agostini Picture
Library: 57-59, 61.

Todos los sitios internet señalados han sido verificados en la fecha
de publicación de este libro. El editor no se considera responsable
de los posibles cambios que se hayan podido verificar. Se aconseja
a los profesores que controlen los sitios antes de utilizarlos en
clase.

Para cualquier sugerencia o información se puede establecer
contacto con la siguiente dirección:

www.cideb.it

ISBN 978-88-530-0928-9 libro + CD

Impreso en Italia por Litoprint, Génova

Índice

Texto integralmente grabado.

Este símbolo indica las actividades de audición.

El metro de Madrid

Cuando se habla de Madrid, se piensa en los museos, los teatros, los monumentos históricos y… ¡en el metro! El plano adjunto te da una idea de algunas de las líneas y de las estaciones. Están los lugares por donde transcurre la historia. Así vas a poder seguir, a lo largo del texto, el recorrido de Guillermo y Lucía.

Personajes

De izquierda a derecha: **el señor Benítez, el hombre del sobre, el vigilante del cementerio, Guillermo, Lucía, el inspector de policía, los dos hombres de la cazadora, el señor Tino**

Antes de leer

1 Aquí tienes parte del vocabulario que vas a encontrar en el capítulo 1. Lee atentamente las descripciones y adjunta la letra correcta en la casilla correspondiente.

A banco   B contestador   C sobre

D mancha   E cazadora   F gabardina

1 ☐F☐ Abrigo de tela impermeable.

2 ☐B☐ Aparato que, conectado al teléfono, emite mensajes recibidos y registra llamadas.

3 ☐D☐ Señal de suciedad en un cuerpo.

4 ☐A☐ Asiento en que pueden sentarse varias personas.

5 ☐C☐ Cubierta de papel en la que se incluye una carta.

6 ☐E☐ Chaqueta corta y ajustada a la cadera, hecha de material resistente, como cuero.

Capítulo 1

El hombre del sobre

«¡Ya son las tres y media de la tarde!» Lucía lleva retraso. Guillermo se impacienta. Espera que su amiga no olvide la cita. «A las tres y cuarto» le dijo ayer a la salida del instituto.

Guillermo no precisó el lugar, no valía la pena. Siempre quedan [1] en el Parque del Retiro, en un banco situado junto al lago. Guillermo y Lucía conocen este parque como la palma de su mano. ¡Es normal! ¡Viven en el barrio desde pequeños!

Hoy ya tienen quince años y continúan siendo los mejores amigos del mundo. Muy a menudo se ven en el parque y deciden lo que van a hacer. Hoy quieren ir al cine.

«¿Pero qué estará haciendo?» se pregunta Guillermo.

Coge el teléfono móvil, marca el número de Lucía, pero desgraciadamente le responde el contestador. «¡Hola, soy Lucía, pero no puedo hablar contigo! Deja tu mensaje y te llamo». Guillermo le dice nerviosamente:

1. **quedar** : concertar una cita.

Indagaciones por Madrid

—Hace ya un cuarto de hora que te espero... Vamos a llegar tarde a la sesión. ¿Dónde estás?

Guillermo suspira, se levanta, da algunos pasos y se sienta de nuevo. La sesión comienza dentro de veinticinco minutos. Si Lucía contesta al teléfono, pueden darse cita directamente en el cine.

Un ruido de pasos le hace girar la cabeza. Desgraciadamente no es Lucía, sino un hombre vestido de manera curiosa para la estación en que estamos. El sol de junio ya es cálido y el hombre lleva una gabardina y un sombrero. ¿Quizá es un actor que está rodando una película? Guillermo mira en todas direcciones a la búsqueda de una cámara, pero no ve nada. El hombre se planta delante de Guillermo. Le coge por el cuello. Guillermo se debate, pero el hombre le sujeta con firmeza. Le dice al oído con cierta dificultad:

—El sobre... Servicios secretos españoles... Esta tarde... A las cinco... República Argentina... El señor Tino... Guitarra... Cuidado con los demás... Be ware of others

Guillermo consigue por fin soltarse.

—Perdone pero usted se equivoca de persona —le dice—. Estoy esperando a una compañera y...

El hombre no le deja terminar. Le desliza[1] un sobre entre las manos y se aleja arrastrando una pierna. Le sale sangre por debajo de la gabardina. Guillermo se levanta y le grita:

—¡Está herido! he's hurt

El hombre se para. Abre su gabardina y mira a Guillermo. Tiene una mancha grande y roja sobre su pantalón.

—Son los riesgos de la profesión —dice haciendo un gesto de dolor—. Te lo he dicho: ten cuidado con los demás.

1. **deslizar** : esconder cautelosamente.

Indagaciones por Madrid

Da media vuelta y acelera el paso. Guillermo intenta por última vez retenerle:

—¡Espere! Le aseguro que no comprendo nada de esta historia.

Pero el hombre desaparece en el parque. Guillermo le da vueltas al sobre. ¿Qué puede hacer?

Se sienta en un banco y busca una solución. Cinco minutos más tarde, dos hombres corren en su dirección. Llevan unas grandes cazadoras y gafas de sol.

—Decididamente —dice Guillermo—, ¡hoy se viste la gente de manera muy curiosa!

Guillermo esconde el sobre debajo de su camiseta. Cuando llegan ante él, el más alto de los dos le pregunta:

—¿Has visto a un tipo extraño con una gabardina?

Guillermo duda antes de responderle. ¿Quizá son estos los «demás» de los que el hombre del sobre ha dicho que hay que desconfiar? ¿De quién puede fiarse?

—Entonces, niño —insiste el segundo hombre—, ¿has visto a alguien o no?

Guillermo siempre detestaba cuando le llamaban «niño». Y ahora que tiene quince años, lo encuentra ridículo.

—No —dice con firmeza—, ¿por qué?

Los dos hombres no responden, acaban de ver algo sobre el suelo.

—¡Sangre! No irá muy lejos. ¡Démonos prisa!

Vuelven a marcharse corriendo. Guillermo ya no sabe qué pensar, por lo menos está seguro de una cosa: conservar el sobre es demasiado peligroso. Debe librarse de él lo más rápidamente posible. No sabe lo que contiene, pero este asunto no tiene el aspecto de ser un juego. Su primera idea es echarlo a una papelera. Después de todo es la mejor manera de hacer

desaparecer el problema. Se levanta y se dirige a la papelera más próxima. Mete en el fondo de la misma el sobre después de haberse asegurado de que nadie lo observa. Guillermo se siente más tranquilo pero algo le preocupa todavía. El sobre debe contener probablemente informaciones muy importantes. Este hombre ha confiado en él para continuar su misión, y él, echa el sobre a una papelera: ¡no es muy valiente de su parte! Y además, el desconocido está herido, ¡quizá su vida corre peligro! Guillermo siente que no puede permanecer así.

—Debo avisar a la policía!

Vuelve a buscar en la papelera:

—¡Puaf! ¿Por qué he puesto el sobre al fondo?

Un niño que pasa con su madre le mira con aspecto curioso:

—Es sucio meter las manos en las papeleras, ¿verdad mamá?

Guillermo cierra los ojos, introduce la mano en la papelera y vuelve a coger rápidamente el sobre. Se dirige a la salida del parque. De repente, una mano le da una palmadita en el hombro. Guillermo se sobresalta.

—¿No irás a marcharte sin mí?

—¡Lucía! ¡Me has asustado! ¿Qué haces aquí?

—Habíamos quedado, ¿no?

—Sí, sí, perdona, estoy un poco...

Guillermo mira el reloj:

—¡Son las cuatro de la tarde! ¡Adiós al cine!

—Soy yo quien se excusa —dice Lucía—, llego un poco tarde. ¿Adónde vamos?

—¡A la policía!

Comprensión lectora y auditiva

1 Marca con una ✗ si las afirmaciones son verdaderas (V) o falsas (F).

		V	F
1	Es la primera vez que Guillermo va al Parque del Retiro.	☐	☒
2	Guillermo tiene una cita con un amigo.	☒	☐
3	Lucía vive cerca del parque.	☒	☐
4	La historia tiene lugar en Madrid, en invierno.	☐	☒
5	El hombre de la gabardina está herido.	☒	☐
6	Los dos hombres que se dirigen a Guillermo llevan cazadoras.	☒	☒
7	Guillermo decide abrir el sobre.	☐	☒
8	Guillermo se sobresalta al meter la mano en la papelera.	☐	☒
9	Lucía llega con tiempo a la cita.	☒	☐

3 **2** Escucha la grabación de Guillermo y Lucía. Asocia las imágenes siguientes a Guillermo o a Lucía (o a los dos). Justifica tu respuesta.

1 ☐☐ los dos ....
....

2 ☐☐ los dos ....
....

3 [g]
..........Guillermo..........
....

4 [L]
..........Lucía..........
....

5 [ ][ ]
..........Nadie..........
....

6 [/][/]
..........las dos..........
....

Léxico

La expresión de la hora

Las horas se expresan con el **verbo ser** en 3ª persona del plural del presente del indicativo y el **artículo determinado** en femenino plural.

en punto

y cinco

menos cuarto

y cuarto

menos veinte

y media

Son las tres *y media*.

Son las cuatro **menos** *cinco*.

Para indicar las principales fracciones horarias se utilizan las expresiones: **en punto, y cuarto, y media.**

¡Atención! Se expresan en **singular**:

Es *la una*.

Es *mediodía*. = Son las doce de la mañana.

Es *medianoche*. = Son las doce de la noche.

Para preguntar la hora se dice: **¿Qué** *hora* **es?**

Para responder: **Son** *las cinco*.

 1 Mientras Lucía acude a su cita con Guillermo, llama con el móvil al cine para conocer las sesiones y las películas que se proyectan. Anota los horarios de las sesiones.

1   *La bella y la bestia*   a h. 14:05   b h. 16:25   c h 18:50   d h 21:15

2   *Volver*   a h. 15:25   b h. 17:40   c h. 19:45   d h 21:50

3   *Titanic*   a h. 6:10   b h. ....   c h 17:45   d h 19:45

4   *La vida es bella*   a h. 15:15   b h. 17:10   c h 18:45   d h 20:35

 2 Escucha atentamente y escribe con letras la hora que oyes pronunciar.

Expresión escrita y oral

1 Escribe una carta a un amigo que vive en otra ciudad y cuéntale tu jornada especificando tus horarios habituales.

2 Cuenta a tus compañeros tu horario semanal ideal.

3 Responde a las preguntas siguientes.

1   ¿A qué hora tienen lugar las sesiones de cine en tu país?

2   ¿A qué hora abre el comercio? ¿A qué hora se cierra?

3   ¿A qué hora abren los restaurantes?

MALLORY

Madrid

Madrid está situado en el centro de la Península Ibérica, es la capital de España y la más alta de Europa (636 m). El clima de Madrid es mediterráneo continentalizado: los inviernos son fríos, y los veranos son calurosos.

No se conoce con certeza la fecha de fundación de la ciudad, aunque se sabe que en la época romana ya existía un pequeño núcleo.

Cuando los árabes invadieron la Península, Madrid no era más que una pequeña aldea. Ellos la fortificaron en el siglo VIII y la llamaron Magerit. En torno a este recinto amurallado se desarrolló, posteriormente, la villa de Madrid.

Plaza de España.

El Palacio Real.

El rey Alfonso VI ocupó el lugar en el año 1083 y transformó la mezquita situada junto a los graneros (almudaina) de la villa en una iglesia dedicada a la Virgen de la Almudena.

Durante la Edad Media su población no superaba los 3 000 habitantes. En el año 1268 una epidemia la dejó casi deshabitada.

A partir del siglo XV Madrid pasó a ser el lugar de residencia, de manera intermitente, de muchos monarcas españoles.

El emperador Carlos V reconstruyó el alcázar árabe para los Austrias.

El establecimiento de la corte en Madrid se produjo bajo el reinado de Felipe II, en 1561, dada su situación privilegiada en el centro de la Península. Este hecho impulsó su crecimiento y el desarrollo urbanístico. Pero fue el rey Felipe III quién consolidó definitivamente la ciudad como sede del gobierno de la Corona.

La población ascendió a principios del siglo XVII a más de 80 000 habitantes.

Plaza Mayor.

Su desarrollo ha sido lento hasta el siglo XIX, sin embargo la gran ciudad de hoy se ha formado a lo largo del siglo XX y especialmente después de la guerra civil. El núcleo antiguo se ha rodeado de barrios residenciales con grandes avenidas. La más animada es la llamada Gran Vía.

Pero hay otro Madrid más secreto que participa de esa animación, sin sufrir del modernismo. Es el Madrid de los Austrias, que tiene su corazón en la plaza Mayor, un centro de calles estrechas con un aire evocador de capa y espada.

Fueron los Borbones, en especial Carlos III, quienes dieron a la villa y corte su mayor esplendor con la ampliación de su perímetro, la creación de paseos y numerosos monumentos, entre los que destaca el Palacio Real encargado construir por su padre Felipe V.

Pasear por el Madrid de los Borbones nos lleva a la Real Casa de

Correos, actual sede de gobierno de la Comunidad de Madrid y conocida como puerta del Sol delante de la cual se encuentra el kilómetro 0, centro simbólico de las carreteras nacionales, lugar desde donde se miden las distancias a toda España. Se encuentra también allí la estatua ecuestre de Carlos III y la estatua de la osa y el madroño, símbolo de la ciudad.

Continuando el recorrido por la calle de Alcalá, se encuentran varios edificios neoclásicos. La puerta de Alcalá fue en su origen una puerta levantada para conmemorar la entrada en Madrid de doña Margarita de Austria, esposa de Felipe III, en 1599. Pero Carlos III, en 1759, la sustituyó por otra mucho más monumental, que conectaba Madrid con el pueblo de Alcalá de Henares, de allí su nombre.

Puerta de Alcalá.

También este rey encargó arreglar el paseo del Prado para hacer de él una amplia avenida. El proyecto incluyó varias fuentes como Cibeles, Neptuno y la fuente de Apolo.

En 1983 Madrid se convirtió en la capital de una comunidad autónoma, la Comunidad de Madrid.

En la década de los 80 se desarrolló el fenómeno de la *movida*: una reacción cultural (que tocó la música, el cine, etc.) contra el conservadurismo moral de épocas anteriores y que buscaba la provocación tanto a nivel estético, como con letras de canciones.

Hoy es una de las capitales con más dinamismo de Europa, es el centro de cine y teatros españoles y goza de una vida nocturna muy importante y activa.

El centro de Madrid por la noche.

1 Marca con una ✗ si las afirmaciones son verdaderas (V) o falsas (F) y justifica tus respuestas.

		V	F
1	Madrid está al norte de la Península Ibérica.	☐	☐
	....		
2	Madrid es la capital más alta de Europa.	☐	☐
	....		
3	Tiene clima mediterráneo.	☐	☐
	....		
4	Alfonso VI convirtió la mezquita en una iglesia.	☐	☐
	....		
5	En la Edad Media la población superaba los 30 000 habitantes.	☐	☐
	....		
6	Bajo el reinado de Felipe III la corte se trasladó a Madrid.	☐	☐
	....		
7	Carlos III dio a la villa su mayor esplendor.	☐	☐
	....		
8	El kilómetro 0 no está situado en la puerta del Sol.	☐	☐
	....		
9	La Puerta de Alcalá conectaba Madrid con Alcalá de Henares.	☐	☐
	....		
10	La movida fue un movimiento revolucionario.	☐	☐
	....		

PROYECTO **INTERNET**

Madrid

Sigue estas instrucciones para conectarte con el sitio correcto. Entra en internet y ve al sitio www.blackcat-cideb.com. Escribe el título o parte del título del libro en nuestro buscador. Abre la página de *Indagaciones por Madrid*. Pulsa en el icono del proyecto. Da una ojeada a la página hasta llegar al título de este libro y conéctate con los sitios que te proponemos.

Luego contesta a las siguientes preguntas.

▶ ¿Qué arquitecto llevó adelante el proyecto de construcción de la plaza Mayor?

▶ En tiempos ¿de qué rey?

▶ En la plaza ¿qué actividades se podían hacer?

▶ ¿Qué se encuentra en el centro de la plaza?

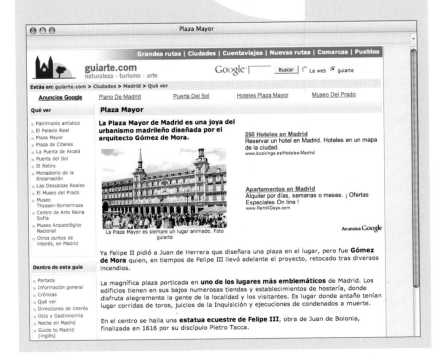

Antes de leer

1 Las palabras siguientes pertenecen al léxico del metro. Lee atentamente las descripciones y adjunta la letra correcta en la casilla correspondiente.

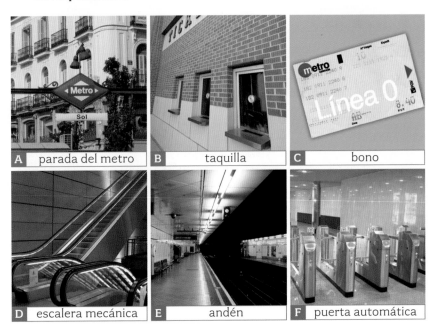

| A | parada del metro | B | taquilla | C | bono |
| D | escalera mecánica | E | andén | F | puerta automática |

1 ☐C☐ Tarjeta de abono que da derecho a la utilización de un servicio durante cierto tiempo.

2 ☐A☐ Especie de acera con la altura conveniente para que los viajeros entren en los vagones o salgan de ellos.

3 ☐E☐ Lugar en que se detiene el transporte público y donde esperan los pasajeros.

4 ☐F☐ Ventanilla por donde se venden entradas para espectáculos o billetes de transporte.

5 ☐D☐ Escalones dotados de automoción que se deslizan de manera ascendente o descendente.

6 ☐B☐ Puerta que tiene un mecanismo que le imprime determinados movimientos.

Capítulo 2

El señor¹ Tino

—¿Los servicios secretos españoles? ¡No me digas! ¿De verdad?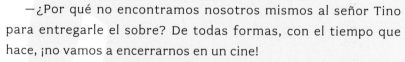
Guillermo no se extraña de la reacción de su amiga. Siempre está
dispuesta para la aventura y nada le da miedo. Él está todavía
impresionado por lo que acaba de sucederle. Cuando le dice que
ha decidido entregar el sobre a la policía, Lucía le propone otra
cosa:

—¿Por qué no encontramos nosotros mismos al señor Tino
para entregarle el sobre? De todas formas, con el tiempo que
hace, ¡no vamos a encerrarnos en un cine!

—¡Olvidas que quien me ha entregado el sobre está herido!

—Un agente de los servicios secretos no te necesita para
curarse.

Lucía tiene razón. Además, Guillermo es un gran aficionado a
las novelas policíacas. Quizá va a ser la única vez en su vida que

---

1. **señor** : es un vulgarismo llamar a alguien por su nombre de pila
    anteponiendo señor. «Señor» debe ir seguido del apellido.

tendrá una ocasión como esta para encontrar a los espías. Lucía le insiste en recordar exactamente las palabras del hombre del sobre.

—Me ha hablado de los servicios secretos españoles y de un tal señor Tino. Me ha pedido tener cuidado con los demás. Pero, ¿sabes?, era difícil de entender. ¡Ah sí! También ha hablado de Argentina.

—¿De Argentina? *g o find him themselves*

Guillermo y Lucía no van a ir tan lejos para devolver una carta a un desconocido.

—Ha dicho también: «A las cinco de la tarde».

—Vale, ¡estupendo!

have to hurry he might

Guillermo no comprende porqué es todo tan estupendo. Lucía *still be* le explica su teoría: si la cita es hoy, el señor Tino no está en *in* Argentina, debe estar aquí, en Madrid. Mira su reloj. *Argentina*

—Las cuatro y cuarto. Debemos darnos prisa.

—Y en tu opinión, ¿dónde encontramos a ese tal señor Tino?

—Sin duda en algún lugar de Madrid que tiene relación con la Argentina: una calle con ese nombre, por ejemplo. O bien un restaurante de especialidades argentinas. O también...

Lucía gira alrededor del banco reflexionando en voz alta, se para y le reprocha a su amigo su falta de ayuda. Guillermo sonríe.

—¿Qué tiene el asunto de divertido? —Le pregunta Lucía.

—Nada, nada espero a ver si tienes más ideas geniales.

—¿Por qué? ¿Tú las tienes?

—¡Claro! —Dice levantándose—. ¡Sígueme, o no vamos a llegar a tiempo! ¡República Argentina: es el nombre de la parada del metro al lado de casa de mi abuela! *casa de abuela →*

Los dos amigos salen del Parque del Retiro y caminan en dirección a la parada de metro Retiro. Se dirigen a las taquillas, compran un bono, descienden las escaleras mecánicas, pasan el billete por la puerta automática de acceso y van al andén dirección Ventas.

Indagaciones por Madrid

Una señora joven se dirige a Guillermo:

—Por favor, ¿para ir al estadio Santiago Bernabéu?

Tiene un ligero acento francés. Guillermo duda antes de responder. El estadio Santiago Bernabéu está cerca de la parada República Argentina. ¿Quizá conoce al hombre del sobre? Lucía adivina la confusión de Guillermo. Para tranquilizarle, le muestra a los tres niños que van con ella. Más parecen turistas extranjeros que miembros de los servicios secretos. Guillermo sonríe. «¡Esta historia va a volverme loco!» se dice a sí mismo antes de indicarle el camino.

—Baje en la estación Goya, tome la línea 4 y baje en Alonso Martínez, allí tome la línea 10 dirección Fuencarral y baje en la segunda parada que es Santiago Bernabéu.

—¡Qué fácil parece el metro cuando se conoce!

Un tren entra en la estación. Guillermo y Lucía entran y se sientan. Hablan poco durante el trayecto. La situación es muy extraña: ¡un hombre al que no conocen les ha indicado una cita con otro desconocido! Guillermo se pregunta si ha hecho bien recuperando el sobre de la papelera. Lucía se dice que quizá ha hecho mal en animar a Guillermo en su búsqueda del señor Tino. Los dos amigos se giran al mismo tiempo, el uno hacia el otro:

—¿Crees que hemos hecho bien en...?

¡Comienzan a reírse! El tren entra en la estación Manuel Becerra. Ahí cambian de línea. Guillermo ha hecho este trayecto tantas veces, que es capaz de hacerlo con los ojos cerrados. Se meten en el pasillo y toman la línea número 6, dirección Cuatro Caminos, tres estaciones para llegar a República Argentina.

—El metro a veces me produce el efecto de un inmenso laberinto —dice Guillermo.

—Ya estamos.

26

Indagaciones por Madrid

República Argentina. ¡Ya están en el lugar de la cita! Son las cinco menos cuarto.

Guillermo y Lucía no son los únicos en bajar del metro. Mientras que las demás personas se dirigen hacia la salida, nuestros dos amigos se quedan en el andén. Lucía va a sentarse sobre un asiento azul de plástico. Guillermo prefiere caminar a lo largo del andén. Un tren entra en la estación. Se para. Las puertas se abren y los viajeros descienden. ¿A quién se puede parecer el señor Tino?

El andén se vacía. Guillermo se reúne con Lucía.

—¡No vamos a preguntarle el nombre a todo el mundo! —Dice— ¡Ni a agitar una pancarta con la inscripción «Señor Tino»!

En ese instante, las notas de una guitarra atraen la atención de Lucía. Provienen del pasillo que conduce a la salida de la estación. Se acercan al músico.

—¿Señor Tino?

El músico sonríe. Guillermo saca el sobre y se lo tiende. El hombre se apresura a cogerlo y de repente interrumpe el movimiento.

—¡No! —Exclama—. Dos tipos nos están vigilando desde el andén de enfrente. Es demasiado peligroso. Entrega el sobre directamente al «chato¹». Lo encontrarás en El viejo madroño.

El músico no da más precisiones y se escapa corriendo. Una voz interpela a Guillermo desde el andén de enfrente:

—¡Niño, no te muevas que vamos!

Guillermo reconoce de inmediato a los dos hombres con cazadora: ¡son los dos hombres del Parque del Retiro!

1. **chato** : que tiene la nariz poco prominente.

Comprensión lectora y auditiva

1 Ordena las palabras para formar frases, luego marca con una ✗ si las afirmaciones son verdaderas (V) o falsas (F).

		V	F
1	el sobre / Lucía / no / dar / a la policía / quiere	☐	☐
2	el nombre / Argentina / de una / es / de metro / parada	☐	☐
3	turistas / Guillermo / metro / franceses / encuentra / en el	☐	☐
4	la estación / cerca de / Santiago Bernabéu / está / República Argentina	☐	☐
5	el metro / fácil / qué / parece / se conoce / cuando	☐	☐
6	la estación / un tren / en la / entra	☐	☐
7	se queda / de pie / Lucía / en el andén	☐	☐
8	Tino / toca / la / trompeta / el / señor	☐	☐
9	músico / sobre / el / coge / el	☐	☐
10	sobre / Lucía / corriendo / coge / y / el / sale	☐	☐

2 Imagina que Lucía y Guillermo se hacen preguntas. Asócialas a las respuestas.

1 ☐ ¿Qué hacemos con el sobre?

2 ☐ ¿Qué metro vamos a coger?

3 ☐ ¿Qué ha dicho el hombre del sobre?

4 ☐ ¿Dónde nos sentamos?

5 ☐ Este hombre... ¿Es éste el señor Tino, en tu opinión?

6 ☐ ¿Conoces a los dos hombres que están en el andén de enfrente?

a   Se lo damos al señor Tino.

b   ¡Sí! Les he visto en el parque.

c   Me ha hablado de los servicios secretos españoles.

d   Allí hay dos sitios libres.

e   La línea número 6 dirección Cuatro Caminos.

f   No, creo que es más joven que éste.

3 Escucha el capítulo 2 desde «Baje en la estación Goya...» hasta «dice Guillermo». Mira el plano del metro de la página 4 y, con un lápiz, traza los itinerarios citados.

Expresión escrita y oral

1 Un amigo tuyo llegará mañana a la estación de Atocha y tú vives cerca de la parada de metro Colombia. Mira el plano de la página 4 y envíale un e-mail explicándole qué cambios debe realizar en el metro para llegar a tu casa.

2 Al día siguiente tu amigo te llama desde Atocha y te dice que no ha recibido el e-mail. Explícale por teléfono lo que debe hacer para ir a la parada Colombia.

Léxico

1 Las palabras en negrita están en el capítulo 2. Encuentra el significado.

1 Guillermo **se extraña** de su reacción.
a ☐ Encuentra su reacción rara.
b ☐ Está de acuerdo.
c ☐ No está de acuerdo.

2 Lucía está siempre **dispuesta**.
a ☐ Acepta con gusto.
b ☐ Siempre llega tarde.
c ☐ No sabe nunca lo que quiere.

3 Guillermo está **impresionado** por lo que acaba de sucederle.
a ☐ Se ríe todavía.
b ☐ Está conmovido.
c ☐ Ya no se acuerda.

4 Guillermo es **aficionado** a las novelas policíacas.
a ☐ No las lee nunca.
b ☐ Las detesta.
c ☐ Le gustan mucho.

5 Es **capaz** de hacerlo con los ojos cerrados.
a ☐ Hábil.
b ☐ Experto.
c ☐ Sabio.

6 Las notas de una guitarra **atraen** la atención de Lucía.
a ☐ Interesan a Lucía.
b ☐ Perturban a Lucía.
c ☐ Desagradan a Lucía.

7 Las notas **provienen** del pasillo.
a ☐ Se originan en el pasillo.
b ☐ Acaban en el pasillo.
c ☐ Se introducen en el pasillo.

Antes de leer

1 En los capítulos 3 y 4 encontrarás estas expresiones idiomáticas. Marca con una ✗ sus significados.

1 En menos que canta un gallo.
   a ☐ En muy poco tiempo.
   b ☐ En el futuro.
   c ☐ El año que viene.

2 Librarse de buena.
   a ☐ Escapar de un peligro.
   b ☐ Afrontar un peligro.
   c ☐ Soportar un peligro.

3 Quitarse algo de encima.
   a ☐ Librarse de algo inoportuno.
   b ☐ Dejar un paquete en el suelo.
   c ☐ Quitarse el abrigo.

4 Quedarse de piedra.
   a ☐ Quedarse tranquilo.
   b ☐ Quedarse sorprendido.
   c ☐ Quedarse estupefacto.

5 Tirar la toalla.
   a ☐ Insistir en un propósito.
   b ☐ Tirar la toalla a la basura.
   c ☐ Desistir en un propósito.

6 Librarse por los pelos.
   a ☐ Coger por el cabello.
   b ☐ Librarse por muy poco.
   c ☐ Librarse a causa del cabello.

7 Buscar una aguja en un pajar.
   a ☐ Comprometerse en conseguir algo difícil.
   b ☐ Obstinarse en conseguir algo imposible.
   c ☐ Negarse a conseguir algo difícil.

8 De cabo a rabo.
   a ☐ Sin ayuda de nadie.
   b ☐ De principio a fin.
   c ☐ Con dificultad.

Capítulo 3

Persecución en el metro

Los dos hombres con cazadora se ponen a correr y desaparecen en el pasillo de la estación República Argentina. En menos que canta un gallo estarán con toda seguridad en el mismo andén que Guillermo y Lucía. Nuestros dos amigos no tienen tiempo de escapar.

Afortunadamente, un metro entra en la estación. Guillermo y Lucía suben, empujando a la gente que baja. La señal de cierre de las puertas suena. Los dos hombres llegan al andén pero las puertas se cierran justamente delante de ellos.

El metro parte de la estación. Guillermo y Lucía están a salvo.

—¡Uf! De buena nos hemos librado.

Guillermo no sabe quienes son el hombre del sobre ni el chato. Tampoco sabe porqué Lucía y él se arriesgan tanto. Una cosa está clara: demasiada gente se interesa por este sobre.

—Podríamos abrirlo —le dice a Lucía.

—Aquí ¿en el metro? Estás loco, hay demasiada gente.

Indagaciones por Madrid

—Tienes razón. También creo que es preferible saber lo menos posible. Nos lo tenemos que quitar de encima cuanto antes. A propósito, ¿qué ha dicho el músico?

«Entrega el sobre directamente al chato. Lo encontrarás en *El viejo madroño*».

Lucía se ha aprendido la frase de memoria pues le parece muy extraña.

—Espera —dice Lucía—, tengo una idea. Se levanta y se acerca a una persona.

—Perdone ¿podría decirme dónde está la calle del Viejo madroño?

Guillermo se queda de piedra: ¡Lucía tiene tanta seguridad en sí misma! La joven recorre el metro haciendo la misma pregunta a todo el mundo. Pero los resultados no son satisfactorios, algunas personas ni siquiera levantan los ojos del periódico.

Un hombre de unos cuarenta años se pone a reír:

—¿Qué es lo que os enseñan en el colegio? ¿Acaso no sabes mirar el plano de la ciudad? ¡Ja, ja, ja!

Desanimada, Lucía decide tirar la toalla, cuando una señora de edad le hace señas.

—A lo mejor te refieres a *El viejo madroño*, la taberna que está en el Madrid de los Austrias, cerca de la plaza Mayor.

La señora le explica que trabajó muchos años en esa taberna. Empieza a contarle su vida, pero Lucía la interrumpe:

—Perdone señora, pero tengo mucha prisa.

—Bueno, bueno —contesta la vieja dama—. *El viejo madroño* se encuentra cerca de la plaza Mayor. Si vas allí saluda a Marcelo de mi parte. ¡Oh! ¡Qué tonta soy! Ya no debe trabajar allí, es mucho más mayor que yo y...

Lucía no tiene tiempo de escuchar la historia de la vida de Marcelo. Le da las gracias a la anciana y se va corriendo hacia Guillermo.

—¡Misión cumplida! Tenemos que ir a la taberna *El viejo madroño*, cerca de la plaza Mayor, se encuentra allí.

—¡Estupendo Lucía! Entonces tenemos que coger dirección Ópera y bajar en la estación Sol.

—Vale, muy bien.

Cuando están en la estación Manuel Becerra a punto de coger dirección Ópera, para bajar en Sol, oyen una voz detrás de ellos:

—¡Hé, vosotros! ¡Parad!

Guillermo se vuelve para mirar:

—¡Oh no! ¡Los dos hombres de la cazadora! ¿Cómo han conseguido encontrarnos?

Guillermo y Lucía se ponen a correr. Afortunadamente en el metro hay muchos pasillos y líneas, y además, está siempre lleno de gente. Es fácil despistar [1] a alguien.

—¡Línea 2, a la izquierda, aprisa! —Grita Lucía.

Los dos adolescentes se precipitan por las escaleras mecánicas y saltan los escalones de tres en tres. Guillermo se gira para mirar: los dos hombres continúan detrás de ellos.

Un pasillo a la izquierda... Un pasillo a la derecha... Llegan a un gran vestíbulo.

—No vamos a conseguir despistarlos —dice Lucía sin aliento.

Guillermo divisa un fotomatón. Coge a Lucía por el brazo:

—¡Sígueme!

Los dos adolescentes descorren la cortina y se sientan en el

1. **despistar** : desorientar, confundir.

Indagaciones por Madrid

taburete. Se oprimen el uno contra el otro para ocupar el menor espacio posible.

—Si alguien quiere hacerse fotos ahora para el documento de identidad, estamos perdidos —murmura Lucía.

Los hombres de la cazadora llegan al vestíbulo. Ante ellos hay cinco pasillos. No saben cuál tomar.

—¡Se nos han escapado! —Dice el más alto.

—No te preocupes, los encontraremos, ¡no son más que críos [1]!

—¡El jefe se va a enfadar!

—¡Si vieras qué cara pones! Ahí hay un fotomatón, ve a hacerte una foto, ¡te vas a reír!

El más bajito arrastra a su amigo hacia el fotomatón. Coge la cortina y comienza a levantarla.

—Te aseguro que vale la pena.

—¡Para! No tenemos tiempo que perder. Ven, ¡vamos a intentar por este pasillo!

La cortina vuelve a caer y los dos hombres se marchan. En el fotomatón, Lucía y Guillermo respiran:

—¡Nos hemos librado por los pelos!

Todavía se esperan unos cuantos minutos.

Y salen del fotomatón.

Aún hay mucha gente en el vestíbulo, pero los dos hombres de la cazadora ya no están.

Lucía y Guillermo se dirigen tranquilamente a la línea 2.

---

1. **crío** : niño.

Comprensión lectora

1 Marca con una ✗ la opción correcta.

1 Guillermo y Lucía cogen el metro para
   a ☐ escapar de los dos hombres.
   b ☐ pasear.
   c ☐ hacerse fotos.

2 Una vez en el metro Guillermo y Lucía deciden
   a ☐ abrir el sobre.
   b ☐ buscar al chato.
   c ☐ tirar el sobre.

3 Para preguntar a la gente en el metro, Lucía
   a ☐ se sienta.
   b ☐ recorre el metro.
   c ☐ cuenta su vida.

4 Una anciana señora conoce *El viejo madroño* ya que
   a ☐ su marido trabaja allí.
   b ☐ ella trabaja allí.
   c ☐ ella ha trabajado allí.

5 Para escapar de los hombres de la cazadora. Lucía y Guillermo se esconden
   a ☐ detrás de los pasajeros.
   b ☐ en un fotomatón.
   c ☐ entre un grupo de turistas.

2 ¿Quién lo ha hecho? ¿Quién lo ha dicho? Pon la letra que corresponde a cada personaje en la casilla adecuada y explica el porqué de estas afirmaciones.

a Guillermo   c los pasajeros   e los hombres con cazadora
b Lucía   d la anciana

1 ☐ Ellos suben apresuradamente en el tren, empujando a la gente que baja.

....

2 ☐ Recorre el andén del metro haciendo la misma pregunta a todo el mundo.

....

3 ☐ Ni tan siquiera levantan los ojos del periódico.

....

4 ☐ —Si vas allí saluda a Marcelo de mi parte.

....

5 ☐ Descorren la cortina y se sientan en el taburete.

....

6 ☐ El más bajito arrastra a su amigo hacia el fotomatón.

....

Gramática

1 **En cada una de las frases siguientes, una de las partes subrayadas es gramaticalmente incorrecta. ¿Cuál? Corrígela.**

1 Guillermo y Lucía (**a**) suben empujando a la gente que (**b**) bajan. La señal del cierre de las puertas (**c**) suena. Los dos hombres (**d**) llegan al andén.

....

2 Guillermo no (**a**) sabe quienes (**b**) son el hombre del sobre ni el chato. Tampoco (**c**) sabe porqué Lucía y él se (**d**) arriesga tanto.

....

Expresión oral

1 **Seguramente has tenido que correr a toda velocidad alguna vez, como Guillermo y Lucía (para coger un tren, para no llegar tarde a la escuela, o para despistar a alguien). Cuenta esta experiencia.**

Léxico

1 ¿Quién hace qué? Asocia cada frase a la letra que le corresponde.

1 Una cliente llama a la camarera.

2 Una camarera va a servir unas consumiciones.

3 Una señora está tomando una copa.

4 Dos hombres están jugando a las cartas.

5 Una pareja está hablando en la barra.

6 Un cliente paga su consumición en la caja.

El oso y el madroño: símbolo de Madrid

En la Edad Media parece que los campos de Madrid estaban bien
aprovisionados de osos y en algún momento se llamó *Ursaria* a la
zona. Hay testimonio escrito de la abundancia de este animal y se
habla de ello en crónicas y documentos.

Tal vez por eso lo tomaron como emblema: un oso pasante existía en
los emblemas más antiguos de la villa, a veces se puso en el emblema

La estatua del oso y del madroño en la puerta del Sol.

una osa en lugar de un oso, ya que simbolizaba la fertilidad de las tierras de la provincia.

Posteriormente se pintaron en el lomo de este oso pasante siete estrellas, alusión a las de las constelaciones de la Osa Mayor y la Osa Menor. Los historiadores piensan que en el primer caso (Osa Mayor) Madrid es el Carro, mientras que la Osa Menor puede ser un indicativo de la gran calidad del cielo de Madrid, ya que esta constelación es muy difícil de ver.

En 1202, el rey Alfonso VIII concedió una serie de privilegios a Madrid, lo que permitió a los ciudadanos disfrutar de las tierras y montes desde Madrid hasta la Sierra.

La Sierra de Guadarrama.

La Iglesia y el Municipio comenzaron a disputarse el dominio de estas tierras. La disputa duró 20 años y se adoptó una solución salomónica: los clérigos se quedaron con los pastos y tierras que rodeaban el castillo de Madrid y sus montes, mientras que el Municipio fue el dueño de los árboles y de la caza, que, como hemos dicho, era abundante en osos.

Como resultado de aquella decisión, el Clero madrileño adoptó el emblema de un oso, el oso pasante, pastando en un campo. Este emblema pretendió representar el poder de la Iglesia, haciendo notar que aunque el Municipio tenía privilegios sobre los animales para cazarlos, éstos se inclinaban para alimentarse de los pastos de la Iglesia.

El Municipio creó a su vez otro emblema, en el que el oso aparecía erguido sobre sus dos patas traseras, el oso rampante, alimentándose de un madroño. El arbusto simbolizaba la posesión de los árboles que correspondía al Municipio.

No se conoce el porqué de la elección del madroño, ya que en los bosques de Madrid no había madroños en abundancia. Sin embargo había gran profusión de un árbol llamado almez o lodón, que era una especie autóctona del lugar. Tal vez se debe a una relación de similitud entre el nombre del arbusto y el de la ciudad.

Al hacer el emblema se añadió también una cinta azul, color que representaba la pureza del cielo de Madrid, en la que se colocaron las siete estrellas.

Así se conservó el emblema hasta que, en 1544, el emperador Carlos V, agradecido por el interés que tomaron los ciudadanos por su salud durante una grave enfermedad, ofreció a Madrid una distinción real. El rey decidió concederle a la villa el privilegio de llevar la corona real en el emblema.

1 Marca con una ✗ si las afirmaciones son verdaderas (V) o falsas (F). Justifica tus respuestas.

	V	F
1 En la Edad Media había muchos bosques alrededor de Madrid.	☐	☐
....		
2 A la zona se le llamó *Ursula*.	☐	☐
....		
3 En la Edad Media en los campos de Madrid no había muchos osos.	☐	☐
....		
4 El oso pasante representa a la Iglesia.	☐	☐
....		
5 El oso rampante representa al Municipio.	☐	☐
....		
6 La cinta azul representa el agua de Madrid.	☐	☐
....		
7 El emperador Carlos V dio a la ciudad una distinción real.	☐	☐
....		

Capítulo 4

El señor Benítez

Guillermo y Lucía llegan al centro de la ciudad.

Se dirigen a la plaza Mayor y, desde allí, empiezan a recorrer las callejuelas de alrededor, buscando la taberna que les ha indicado la anciana en el metro.

Por fin, en la calle de la Bolsa encuentran *El viejo madroño*, en un edificio muy antiguo.

Hay mucha gente. Se dirigen a la cajera.

—Perdone, ¿sabe dónde podemos encontrar al «chato», por favor?

—... ¿El chato?... Es que por aquí los camareros bromean siempre entre ellos, a menudo se inventan sobrenombres para reír. ¿Quizás te refieres a Juan Benítez?... Pero no sé... No les hago caso a estos chicos, con sus tonterías. Juan Benítez es un camarero, a veces lo llaman el chato.

Guillermo y Lucía se dirigen rápidamente hacia una mesa y se sientan. Una joven viene a tomar nota de la consumición.

Indagaciones por Madrid

Guillermo pide una coca cola y una tapa[1] de jamón y queso. Lucía pide una limonada y un pincho[2] de tortilla de patatas.

—Una coca cola, una limonada, una tapa de jamón y queso y un pincho de tortilla de patatas —repite la camarera, alejándose de la mesa.

Guillermo y Lucía miran atentamente a los clientes: la mujer que lleva el pelo largo y un collar de perlas, el hombre que lleva gafas de sol, los dos tipos apoyados en la barra que hablan con el dueño de la taberna, los dos enamorados que piensan más en mirarse que en tomarse el café.

«Quizá la cajera se equivoca y el chato no es un empleado del bar», se pregunta Lucía.

Observan cada mesa sin, no obstante, adivinar quién podría ser el tal Benítez que están buscando.

La camarera les trae lo que han pedido. Lucía está comiendo su tortilla, cuando un hombre de baja estatura entra en la taberna. El dueño le saluda:

—¡Buenas tardes, Benítez! ¿Qué tal? ¿Todo bien? Llegas un poco tarde para empezar tu turno.

—¿Tarde? ¿Pero qué dices? ¡Si siempre llego a la hora! Hoy hay mucho tráfico y he tardado un poco más, lo siento —le contesta Benítez.

—¡Es él! —Murmura Guillermo.

No hay duda posible: ¡es nuestro hombre!, tiene la nariz chata.

---

1. **tapa** : pequeña porción de alimento que se sirve de acompañamiento a una bebida.
2. **pincho** : porción de comida tomada como aperitivo, que a veces se atraviesa con un palillo.

Indagaciones por Madrid

—¿Ves? —Dice Guillermo—. Es un camarero de la casa. Bueno, allá voy.

—Yo también voy —dice Lucía.

—¿Podemos hacerle unas preguntas?

El hombre, sorprendido, no responde. Incluso finge no haber comprendido.

—El señor Tino nos ha enviado aquí —insiste Lucía en voz baja.

El hombre, continúa sin sonreír pero hace un gesto que probablemente significa «podéis preguntar», y los tres se sientan en una mesa.

—¿Habéis dicho el señor Tino? Normalmente no trabaja con gente tan joven.

Guillermo le dice que solamente le conocen desde hace un rato. Benítez mira por la ventana. Está inquieto y les pregunta si alguien les ha seguido hasta allí. Guillermo le tranquiliza y le explica que han tenido la idea de esconderse en un fotomatón para escapar de sus perseguidores.

—¿Un fotomatón? —exclama Benítez extrañado—. ¿Crees que es un buen escondite?

Guillermo comienza a contarle de cabo a rabo todo lo que han hecho, pero Lucía le da discretamente un codazo [1]: piensa que está hablando demasiado. Guillermo saca el sobre de su chaqueta y se lo da a Benítez, quien lo pone inmediatamente en un bolsillo exterior de su mochila, que está junto a sus pies.

Benítez hace un gesto con la cabeza mientras mira por la ventana. Los dos amigos permanecen inmóviles. Benítez les pregunta:

---

1. **codazo** : golpe dado con el codo.

—¿Queréis algo más?

—No, nada —contesta Guillermo.

—Entonces, adiós —dice con un tono de voz seco.

Al levantarse, Guillermo le tiende la mano a Benítez para despedirse, pero éste le mira sin moverse. Guillermo insiste.

—Ha sido un placer trabajar para los servicios secretos españoles.

Benítez se pone a reír y contesta de inmediato:

—¿Los qué? —pregunta.

Guillermo mira alrededor de él. Quizá ha hablado demasiado fuerte. Se inclina y dice:

—El hombre que me ha dado el sobre me lo ha dicho, ustedes forman parte de los servicios secretos españoles, ¿no?

—Yo... Es decir... Sí... Eso es... De los servicios secretos, secretísimos, incluso.

En ese momento, Lucía se inclina, y rápidamente extrae el sobre que está en el bolsillo de la mochila de Benítez mientras dice a Guillermo:

—¡Ven! ¡Salgamos! ¡Aprisa!

Guillermo no comprende nada, la sigue sin oponerse. Se precipitan hacia la puerta y salen de la taberna.

Benítez se levanta a su vez para perseguirlos. La camarera le detiene:

—Oye ¡tus amigos se han marchado sin pagar!

—No son mis amigos.

—¿Cómo que no son tus amigos? He visto como preguntaban por ti cuando han llegado.

—¡Te digo que no son mis amigos!

—¡Bueno, bueno! ¡No te pongas así! ¡No te enfades!

Benítez se precipita hacia la puerta de la taberna pero tropieza con la mesa y se cae por el suelo. La camarera lo observa riéndose.

Fuera, los dos amigos corren tan aprisa como pueden en dirección a la puerta del Sol.

—¡Corre! —Dice Lucía.

Cuando llegan a la calle Mayor, Lucía le hace señas a un taxi.

—¡Taxi!

El coche se para. Guillermo y Lucía suben a toda velocidad.

—¡Aprisa! ¡Todo recto! —Dice Lucía al taxista.

Comprensión lectora y auditiva

1 **Marca con una ✗ la opción correcta.**

1 *El viejo madroño* es una taberna
   a ☐ antigua.
   b ☐ muy antigua.
   c ☐ periférica.

2 ¿A quién buscan Guillermo y Lucía?
   a ☐ al señor Tino.
   b ☐ al chato.
   c ☐ al hombre del sobre.

3 ¿Con quién hablan Guillermo y Lucía al entrar en la taberna?
   a ☐ con un cliente.
   b ☐ con una cajera.
   c ☐ con Marcelo.

4 Guillermo y Lucía
   a ☐ meriendan.
   b ☐ cenan.
   c ☐ no piden nada.

5 El chato en realidad se llama
   a ☐ Domínguez.
   b ☐ Benítez.
   c ☐ Tino.

6 Guillermo y Lucía le cuentan
   a ☐ casi todo.
   b ☐ todo.
   c ☐ lo que van a hacer.

7 Guillermo al chato
   a ☐ le da el sobre.
   b ☐ no le da el sobre.
   c ☐ le da su mochila.

8 Juan Benítez

a ☐ forma parte de los servicios secretos españoles.

b ☐ no forma parte de los servicios secretos españoles.

c ☐ no se sabe.

9 Lucía

a ☐ coge el sobre.

b ☐ no coge el sobre.

c ☐ tira el sobre.

10 Guillermo y Lucía

a ☐ pagan la cuenta.

b ☐ no pagan la cuenta.

c ☐ piden otra bebida.

2 Escucha la grabación y encuentra las diferencias con el capítulo 4.

Léxico

El significado de algunos adjetivos varía según el lugar que ocupan en relación al nombre que califican (delante o detrás).

*Un **pobre** hombre* es un hombre al que se compadece por alguna razón.

*Un **hombre** pobre* es un hombre que no tiene dinero.

1 Encuentra el significado correcto de cada expresión.

1 ☐ Un gran hombre	**a**	Mide casi dos metros.
2 ☐ Un hombre grande	**b**	Ha hecho cosas extraordinarias.
3 ☐ Un curioso camarero	**c**	Lo quiere saber todo.
4 ☐ Un camarero curioso	**d**	Parece extraño.
5 ☐ ¡Dichoso taxista!	**e**	Un taxista molesto.
6 ☐ Un taxista dichoso	**f**	Un taxista feliz.
7 ☐ Una buena mujer	**g**	Una mujer bondadosa.
8 ☐ Una mujer buena	**h**	Una mujer simple.
9 ☐ Un antiguo barco	**i**	Pasado de moda.
10 ☐ Un barco antiguo	**j**	Que existe desde hace mucho tiempo.

2 ¿Delante o detrás? Lee el ejercicio y coloca los adjetivos: *curioso*, *dichoso* y *buena* en el lugar que les corresponde.

1 ¡(**a**) .... taxista (**b**) .... ! No sólo no ha parado de hablar durante todo el trayecto, sino que además se ha equivocado de dirección.

2 Una (**a**) .... mujer (**b**) .... pedía limosna a la puerta del teatro.

3 Este restaurante tiene un (**a**) .... camarero (**b**) .... no se apunta nada, lo memoriza todo y ¡no se equivoca nunca!

 PROYECTO **INTERNET**

Las tapas

Sigue las instrucciones de la página 22 para encontrar los sitios que te proponemos, luego responde a las preguntas siguientes.

▶ ¿Qué es una tapa?

▶ ¿Cuál es su origen?

▶ ¿Por qué se servía la jarra de la bebida tapada con un alimento?

▶ ¿Qué bebida acompaña generalmente a la tapa?

▶ ¿Cuál es la tapa más habitual?

▶ ¿Qué son las patatas bravas?

▶ ¿Y la rebaná cortijera?

Elige una receta que sea de tu agrado y cuéntasela a toda la clase.

Madrid,
ciudad de pinacotecas

Se denomina *Triángulo del Arte* o *Triángulo de Oro* al grupo de museos de Madrid que se encuentra en la zona del paseo del Prado, vieja avenida que marca el límite entre la parte antigua de la ciudad y el Parque del Retiro. Los tres puntos del Triángulo son el Museo del Prado, el Museo Reina Sofía y el Museo Thyssen-Bornemisza.

La denominación del área del Prado como un Triángulo del Arte se debe a la apertura del Museo Thyssen-Bornemisza en 1992. Este museo consolidó la oferta artística de la zona y cubrió el vacío de las colecciones de los otros dos centros.

Recorriendo el Triángulo, es posible recorrer la evolución de la pintura desde la Edad Media a la actualidad.

El Museo del Prado.

Interior del Museo del Prado.

Museo del Prado

El proyecto arquitectónico del Museo del Prado fue aprobado por el rey Carlos III en 1786. El edificio que alberga la actual pinacoteca fue concebido inicialmente como Gabinete de Historia Natural, pensado según la nueva mentalidad de la Ilustración [1], para la reurbanización del llamado Salón del Prado. El arquitecto que se ocupó del proyecto fue Villanueva, se trata de una de las cimas del neoclasicismo español, aunque dada la larga duración de las obras y transformaciones posteriores, el resultado definitivo se apartó un tanto del diseño inicial. La mayoría de las obras maestras del museo procede de la monarquía española. Estas obras fueron coleccionadas durante tres siglos por los Reyes de España para decorar sus palacios y casas de campo así como los monasterios de Yuste y el Escorial. Son fruto de encargos directos a pintores, de regalos y de adquisiciones mediante sus embajadores y enviados a las distintas ventas y subastas de colecciones privadas en toda Europa.

Es una de las pinacotecas más importantes del mundo, y cuenta con una inigualable colección de pintura española, italiana y flamenca.

1. **Ilustración** : movimiento filosófico y cultural del siglo XVIII, que acentúa el predominio de la razón humana y la creencia en el progreso humano.

Las hilanderas de Diego de Silva y Velázquez.

Colecciones del Museo

Pintura española. Con gran diferencia, la mayor y más importante colección del mundo. Cronológicamente abarca desde murales románicos del siglo XII hasta el final del siglo XIX. Sus ricas colecciones incluyen pintura medieval, renacentista, manierista con el protagonismo absoluto de El Greco, barroca con Zurbarán, Ribera, Murillo y Velázquez. Del siglo XVIII, destaca Goya.

Pintura italiana. Desde el primer Renacimiento hasta el siglo XVIII. También, ocho obras de Rafael y la mayor colección mundial de la escuela veneciana.

Pintura flamenca y holandesa. Primitivos flamencos y la mejor colección de El Bosco. Pintura flamenca del siglo XVII: una enorme colección de Rubens.

Pintura francesa. Apenas hay ejemplos anteriores a 1600, aunque los siglos XVII y XVIII cuentan con obras magistrales de Poussin. El tenebrismo cuenta con ejemplos llamativos de Georges de La Tour y Valentin de Boulogne. Retratistas de los Borbones españoles, como Jean Ranc y Van Loo, tienen presencia junto a maestros rococós como Watteau.

Vista del Museo Nacional Centro de Arte Reina Sofía.

Pintura inglesa y alemana. Existe una pequeña colección de pintura inglesa, tanto de artistas nativos como de extranjeros que trabajaron de forma estable en Inglaterra. La pintura alemana es reducida en número, pero de gran calidad.

Museo Nacional Centro de Arte Reina Sofía

El Museo Nacional Centro de Arte Reina Sofía es el museo nacional español de arte del siglo XX (coloquialmente abreviado a Museo Reina Sofía). Fue inaugurado oficialmente en 10 de septiembre de 1992 y su nombre hace honor a la Reina Sofía de España.

El edificio central del museo era el antiguo Hospital de San Carlos, construido bajo la dirección de José de Hermosilla y posteriormente de Francesco Sabatini, a fines del siglo XVIII.

Se salvó de la demolición al ser declarado edificio protegido; a partir de 1980 se hicieron renovaciones y adiciones extensas y en 1988 partes del nuevo museo se abrieron al público.

En diciembre de 2001 se inició una gran ampliación diseñada por el arquitecto francés Jean Nouvel e inaugurada el 26 de septiembre de 2005.

Cronológicamente, las colecciones del museo son una prolongación de las del Museo del Prado, porque cubren el periodo que va del siglo XIX a la actualidad.

Se marcó el año 1881 (nacimiento de Picasso) como línea divisoria entre ambas colecciones.

El museo cuenta con excelentes colecciones de los geniales Pablo Picasso y Salvador Dalí. La obra más conocida del museo es sin duda el *Guernica*, de Picasso.

La notable colección de Dalí debe buena parte de sus obras maestras a la herencia del pintor, que legó sus bienes al Estado. Junto a ellos, sobresale el fondo de Joan Miró.

Guernica de Pablo Ruiz Picasso.

Museo Thyssen-Bornemisza

La colección Thyssen-Bornemisza empezó a formarse hacia 1920, como colección privada de la familia Thyssen.

Se dice que la compra de tantas obras maestras por la familia fue posible por la gran actividad que vivía el mercado del arte, debido a la crisis de 1929 y la difícil situación de Europa entre las dos guerras mundiales. Muchos aristócratas y magnates americanos tuvieron que vender sus colecciones, y los Thyssen pudieron adquirir las mejores obras a precios razonables.

Vista del Museo Thyssen-Bornemisza.

La colección ocupa el Palacio de Villahermosa. El edificio fue construido entre finales del siglo XVIII y comienzos del siglo XIX en estilo neoclásico.

Tras el acuerdo entre el Estado y la familia Thyssen, el edificio fue elegido como sede del nuevo museo y se inauguró el 8 de octubre de 1992.

El museo muestra sus colecciones de forma cronológica: comienza con obras del periodo Gótico y termina con el siglo XX.

El recorrido, circular y de arriba a abajo, empieza en la segunda planta con el ciclo que va del Gótico y el Renacimiento hasta el Clasicismo del XVII. El Renacimiento alemán cuenta con más de 40 piezas, un conjunto más rico que el del Prado.

En la primera planta se muestra la riquísima colección de pintura holandesa, encabezada por Rembrandt. Es llamativo el conjunto de pintura norteamericana de los siglos XVIII y XIX, un área de la Historia del Arte poco conocida en Europa. La planta baja reúne obras del siglo XX, desde el cubismo y las primeras vanguardias, hasta el *Pop Art*. Destacan algunas obras maestras de Picasso, como *Arlequín con espejo*, una Corrida de toros y una composición cubista.

Expresión oral

1 Imagina que estás en Madrid y responde a las preguntas.

1 ¿Qué museo vas a visitar en primer lugar? ¿Por qué?

2 Imagina que eres pintor. ¿Qué cuadro de pintura te pones a copiar con el caballete y la paleta de pinturas?

3 ¿En qué museo?

Antes de leer

1 Las expresiones y las palabras siguientes se utilizan en el capítulo 5. Asócialas a su descripción.

a conducir al azar
b espía
c apasionado del cine
d desembarazarse
e tener cultura

f dramaturgo
g llegar hasta el final
h aminorar la velocidad
i quedarse con la boca abierta
j cortar la palabra

1 ☐ Persona que escribe obras de teatro.
2 ☐ Conducir sin conocer el camino.
3 ☐ Tener conocimientos sobre numerosos temas.
4 ☐ Persona que reúne informaciones secretas.
5 ☐ Disminuir la velocidad.
6 ☐ Librarse.
7 ☐ Persona a quien le gusta mucho el cine.
8 ☐ Interrumpir a alguien cuando habla.
9 ☐ Quedarse estupefacto.
10 ☐ Acabar lo que se ha comenzado.

2 Completa las frases con las palabras o expresiones del ejercicio precedente.

1 Federico García Lorca era un ....
2 ¿Es suficiente leer mucho para ....?
3 Nunca sabremos los nombres de los grandes ....
4 ¡No me .... cada vez que hablo!
5 Estoy viendo el semáforo rojo voy a ....
6 Aunque el asunto es delicado hay que ....
7 Se sabe de memoria todas las películas clásicas, es un ....
   ....
8 Al conocer la noticia me ....
9 Como no sé ir donde tú me propones, ...
   hasta poder preguntar a alguien.
10 Estoy harta de cocinar, quiero .... de este trabajo.

Capítulo 5

Un taxista muy erudito

—¿Adónde os llevo?

Es la tercera vez que el taxista les hace la misma pregunta. Pero siempre obtiene la misma respuesta:

—Todo recto.

Así que conduce eligiendo su camino al azar.

Guillermo continúa sin comprender la actitud de Lucía en la taberna.

—No me gusta ese tal Benítez —explica—. ¿No encuentras algo raro en él?

Lucía piensa más bien en la forma en la que hablaba de los servicios secretos españoles. ¿Acaso un espía reconoce tan fácilmente formar parte de ellos? Guillermo considera que todo esto es bastante extraño.

—No me creo nada de esa historia de los servicios secretos —dice Lucía.

65

Indagaciones por Madrid

—Entonces, ¿quiénes son todos esos hombres?

—Peligrosos traficantes de droga, o quizá terroristas.

—Ves demasiado la televisión.

—Tú que eres un apasionado de cine, ¿te atreves a decirme eso?

Guillermo sonríe y suspira.

—Pues mira, estaba contento de desembarazarme del sobre, ¿qué vamos a hacer con él ahora?

—Creo que debemos ir a entregarlo a la policía.

—¡Vaya! Esa era mi primera idea. Pero he cambiado de opinión. Debemos llegar hasta el final de este asunto.

—¿Qué quieres decir? Ya no sabemos a quién tenemos que entregar el sobre. No vamos a regresar a *El viejo madroño* a entregárselo al chato, ¿verdad?

—Tengo una idea mejor. Vamos a...

El taxista les corta la palabra:

—¿Continuamos todo recto?

Lucía mira por la ventanilla. El coche pasa por delante del Museo del Prado.

—Todo recto, sí —responde Lucía—. Ya le indicaremos...

—Mientras tengáis dinero para pagarme, os paseo por todo Madrid hasta mañana por la mañana —responde el taxista sonriendo.

Guillermo vuelve a su idea inicial.

—Vamos a abrir el sobre.

Lucía lanza un grito de extrañeza. El taxista bromea:

—¿Qué? ¿Por fin sabéis adónde vais?

—Todavía no —contesta Lucía—. Pero ya sabemos lo que vamos a hacer.

—¡Algo es algo! —Exclama el taxista.

Indagaciones por Madrid

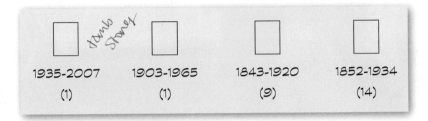

1935-2007	1903-1965	1843-1920	1852-1934
(1)	(1)	(9)	(14)

draws stones

Guillermo abre el sobre: por fin van a descubrir la razón por la cual están corriendo toda la tarde. En el interior del mismo hay una hoja de papel blanca con extrañas indicaciones.

Guillermo le da la vuelta a la hoja. Hay cuatro nombres escritos. Los lee en voz alta:

—Francisco Umbral, Alejandro Casona, Benito Pérez Galdós, Santiago Ramón y Cajal.

—Pero, ¿se puede saber qué es esto? —Pregunta Lucía.

—Tres escritores y un científico —dice Guillermo.

—Gracias, ya lo sabía. Me pregunto sencillamente qué puede significar todo esto. No veo ninguna relación entre todos ellos sino que están muertos. *no relationlip but all dead*

—Tienes razón y, ¿qué relación puede haber con las cifras del otro lado del papel?

Guillermo y Lucía observan cada uno por separado la hoja de papel. Le dan la vuelta. Le vuelven a dar la vuelta y la examinan atentamente. No descubren nada nuevo.

loss the guys who were following them

El taxista llega a la puerta de Alcalá, gira alrededor de ella.

Ya han despistado a los posibles perseguidores y no tienen ninguna necesidad de permanecer en el taxi. Cuando Lucía se dispone a decirle al taxista que pare, éste exclama:

—Francisco Umbral: 1935-2007 escritor y columnista; Alejandro Casona 1903-1965 dramaturgo; Benito Pérez Galdós

MH

Indagaciones por Madrid

1843-1920 escritor; Santiago Ramón y Cajal 1852-1934 Premio Nobel de Medicina.

—¡Vaya! —Exclama Lucía—. ¿Conoce las fechas de nacimiento y muerte de muchas personas?

—Solamente las de algunos personajes célebres. Os puedo llevar al cementerio de la Almudena, si queréis. Me gusta mucho pasear por él, es muy bonito.

—No —dice Lucía—, creo que es mejor que bajemos. En realidad todavía no sabemos dónde ir.

—Pues por eso os propongo ir a la Almudena.

—¿Por qué? No comprendo —dice Lucía.

El taxista aminora la velocidad y aparca junto a una acera. Se gira y mira a los dos adolescentes:

—Francisco Umbral, Alejandro Casona, Benito Pérez Galdós, Santiago Ramón y Cajal, seguramente no llegaron nunca a conocerse. Pero hoy en día están todos enterrados en el cementerio de la Almudena.

Guillermo y Lucía se quedan con la boca abierta.

—¿Cómo sabe todo eso?

—¡Se puede ser taxista y tener cultura! ¿No?

—¡No me interprete mal por favor! —Se excusa Lucía.

Guillermo le pide al taxista que repita las fechas que se sabe de memoria.

—¡Todas coinciden con las fechas de nacimiento y muerte de las personalidades indicadas en la hoja de papel!

—Seguramente los rectángulos representan sus tumbas —dice Guillermo.

—Pues por eso justamente os vuelvo a preguntar, ¿os llevo al cementerio de la Almudena? ¿Sí o no?

—¡Lo más rápido posible! —Contestan los chicos.

ACTIVIDADES

Comprensión lectora

1 Marca con una ✗ la opción correcta.

1 ¿Por qué el taxista pregunta: —¿Adónde os llevo?
  a ☐ Porque no conoce bien Madrid.
  b ☐ Porque quiere saber dónde tiene que llevar a nuestros amigos.
  c ☐ Porque nuestros amigos no han dado ninguna dirección.

2 ¿Por qué Guillermo y Lucía no contestan al taxista?
  a ☐ Porque no oyen la pregunta.
  b ☐ Porque no saben dónde ir.
  c ☐ Porque están nerviosos.

3 ¿Por qué Lucía lanza un grito?
  a ☐ Porque se da cuenta de que no tiene dinero.
  b ☐ Porque quiere bajar del taxi.
  c ☐ Porque van a abrir el sobre.

4 ¿Por qué el taxista les propone llevarlos al cementerio de la Almudena?
  a ☐ Porque está cerca.
  b ☐ Porque elige ese destino al azar.
  c ☐ Porque los cuatro personajes célebres están enterrados allí.

5 El taxista
  a ☐ frena.
  b ☐ aparca.
  c ☐ acelera.

6 ¿Qué significan las cifras del papel?
  a ☐ Son unos enigmas secretos antiguos.
  b ☐ Indican la fecha de construcción de los mausoleos.
  c ☐ Son las fechas de nacimiento y muerte de personajes célebres.

2 Encuentra la afirmación que no es correcta en cada personaje.

1 El taxista

a ☐ conoce las fechas de nacimiento de los personajes célebres citados en el papel.

b ☐ permanece en silencio durante todo el trayecto.

c ☐ propone llevar a Guillermo y Lucía al cementerio de la Almudena.

2 Lucía

a ☐ cree que Benítez es un miembro de los servicios secretos.

b ☐ sabe quienes son los personajes célebres del papel.

c ☐ piensa que se trata de una banda de traficantes de droga.

3 Guillermo

a ☐ propone abrir el sobre.

b ☐ piensa que no debe llegar hasta el final del asunto.

c ☐ quiere ir lo más rápido posible al cementerio de la Almudena.

Léxico

1 Asocia las situaciones siguientes a las frases propuestas.

1 Un chico mira atentamente un plano del metro.

2 Una pareja hace señas a un taxi.

3 Una señora anciana pregunta en la taquilla del metro.

4 Un hombre se dirige al camarero del restaurante.

5 El taxista pregunta al cliente.

6 Una chica joven se dirige a la camarera de un bar mirando la carta.

a ☐ ¡La cuenta por favor!

b ☐ La línea 9 y bajo en plaza de Castilla.

c ☐ Una ensalada y un café, por favor.

d ☐ ¡Eh taxi!

e ☐ ¿Adónde le llevo?

f ☐ ¿Cuánto cuesta un carné para jubilados?

Gramática

La interrogación

Las frases interrogativas pueden estar introducidas por pronombres o adverbios que designan el objeto de la cuestión. Éste puede ser:

una persona: ¿**Quiénes** son todos esos hombres?

una cosa: ¿**Qué** quieres decir?

un lugar: ¿**Adónde** os llevo?

un modo; ¿**Cómo** sabe todo eso?

una razón: ¿**Por qué** te vas?

una cantidad: ¿**Cuánto** le debemos?

1 Asocia cada pregunta a su respuesta.

1 ☐ ¿Os llevo al cementerio de la Almudena sí o no?

2 ☐ ¿Adónde os llevo?

3 ☐ ¿Continuamos todo recto?

4 ☐ ¿Conoce las fechas de nacimiento y muerte de muchas personas?

5 ☐ ¿Quienes son todos esos hombres?

a Solamente las de algunos personajes célebres.

b Peligrosos traficantes de droga.

c Lo más rápido posible.

d Todo recto, ya le indicaremos.

e Todo recto.

Expresión oral

1 Estás en un taxi en Madrid. El taxista te pregunta de dónde eres, lo que haces en España, cuánto tiempo te vas a quedar y lo que vas a visitar. Imagínate lo que le contestas.

Antes de leer

1 Las palabras siguientes se utilizan en el capítulo 6. Con la ayuda de las definiciones, sitúa las palabras en su número correspondiente en el crucigrama.

guantera	vigilante	lienzo	verja
ramo	aparcar	indicio	

Verticales

1 Enrejado que sirve de puerta o ventana.

2 Fenómeno que permite conocer o deducir la existencia de algo no conocido.

3 Tela preparada para pintar sobre ella.

4 Conjunto de flores.

5 Caja que se encuentra en la parte delantera de los vehículos, en la que se guardan guantes y otros objetos.

Horizontales

1 Persona encargada de vigilar algo.

2 Colocar transitoriamente en un lugar público el coche.

Capítulo 6

El cementerio de la Almudena

—¡Ya hemos llegado! —Exclama el taxista mientras aparca el
taxi a la entrada del cementerio de la Almudena.

—¿Cuánto le debemos?

—¡Nada! Es gratuito. Ha sido un placer poder ayudaros. Si encontráis un tesoro, acordaos de mí. Daos prisa, el cementerio cierra los sábados a las siete y cuarto de la tarde. Tengo algo para vosotros.

El taxista se inclina hacia la guantera. La abre y registra en su interior. Saca un papel arrugado.

—El plano del cementerio. Un cliente lo olvidó el otro día en mi coche. Lo guardo todo, es mi manía. Pero por una vez va a servir para algo.

—¡Muchas gracias! Es usted muy amable y además ¡es un guía estupendo! —Le dice Lucía al bajar del coche.

Cuando van a entrar en el cementerio, el vigilante les detiene.

Indagaciones por Madrid

—Lo siento es la hora de cerrar. Volved mañana.

—Por favor —insiste Lucía—. Tenemos algo muy urgente que hacer.

—¿Urgente? —Repite el vigilante riéndose—. ¡No veo nada urgente qué hacer en un cementerio!

El teléfono suena en la portería, situada cerca de la entrada.

—No me dejan nunca tranquilo... —dice enfadado mientras va a contestar.

Cuando les da la espalda, Guillermo y Lucía aprovechan para meterse dentro, ya que la verja está todavía entreabierta, y esconderse entre las tumbas. Dos minutos más tarde el vigilante reaparece, ya no se acuerda de los dos adolescentes y cierra las puertas. Guillermo y Lucía se encuentran encerrados en el cementerio.

Con la ayuda del plano que les ha ofrecido el taxista, Guillermo localiza las diferentes tumbas.

Los dos amigos inician sus indagaciones entre las tumbas, van escondiéndose intentando hacer el menor ruido posible: el vigilante puede encontrarse cerca.

Los dos amigos no saben por dónde empezar su recorrido por el cementerio. Tienen que buscar algo, pero ¿qué?

De repente, el teléfono móvil de Lucía se pone a sonar y ella contesta lo más rápidamente posible en voz baja:

—¿Diga? ¡Mamá! Te iba a llamar... Sí, sí, es verdad... Hablo en voz baja porque... Estamos en el cine, a mitad de la película. No puedo hablar más alto, compréndelo... No. Voy a cenar a casa de Guillermo. Llegaré a casa, a eso de las diez, ¿vale?... Hasta luego.

Es impresionante caminar por un cementerio cuando está cerrado y no hay nadie. Algunas tumbas parecen muy viejas, están abandonadas. Hay algunas muy grandes que parecen

mausoleos o panteones, otras son mucho más pequeñas y sencillas.

De repente, parece que el cielo se oscurece, un ligero vientecillo se levanta haciendo gemir las hojas de los árboles. Lucía, por primera vez en su vida, siente miedo.

—¡Guillermo, estamos locos! ¡Pronto va a anochecer! ¡Tenemos que regresar a casa!

—No me vas a decir ahora que tienes miedo, ¿eh? ¡Has sido tú quien me ha convencido! Así que ¡debemos seguir en esto hasta el final!

—Es que me ha parecido ver unas sombras entre los árboles, estoy segura de haber visto algo moverse cautelosamente.

—Como está nublado y está atardeciendo, ves mal y tienes figuraciones. ¡No seas tonta! ¡Mira qué capilla más bonita!

Y así continúan el recorrido.

Ya han estado en las cuatro tumbas y no han encontrado ninguna indicación que les pueda ayudar.

Los dos amigos pasan un buen rato intentando descifrar lo que pueden significar las cifras indicadas entre paréntesis y los nombres que están en el otro lado del papel. De repente Guillermo tiene una idea: escribe el nombre de cada personaje junto a la fecha de su nacimiento y muerte.

—Quizá esto indica la posición de una letra: por ejemplo la primera letra de Alejandro Casona es la A, la primera de Francisco Umbral es la F, la novena de Benito Pérez Galdós es la R y la decimocuarta de Santiago Ramón y Cajal es la Y.

—A, F, R, Y —resume Lucía—. No está nada claro.

Guillermo y Lucía intentan formar palabras con esas cuatro letras: FAYR, RYFA, FYRA, ARYF, FARY...

—¡FARY! —Exclama Lucía—. ¡Era un cantante!

1935-2007	1903-1965	1843-1920	1852-1934
Francisco Umbral	Alejandro Casona	Benito Perez Galdós	Santiago Ramón y Cajal
(1)	(1)	(9)	(14)

—Lo recuerdo muy bien porque murió hace poco y salió en la televisión.

—Veamos.

Los dos amigos se ponen a buscar el lugar donde se encuentra la tumba de El Fary en el plano que les ha dado su amigo el taxista.

—¡Qué grande es este cementerio! —Exclama Lucía—. Parece una ciudad.

Continúan los dos varios minutos, abstraídos mirando el plano, cuando se oye un ruido apenas perceptible proveniente de los árboles de enfrente.

—¡Guillermo! Acabo de oír algo, seguro que hay alguien entre los árboles.

Lucía está petrificada por el miedo. La voz no le sale del cuerpo.

—¿Otra vez con la misma historia? ¡Qué pesada puedes llegar a ser!

—¿Quién va a estar ahora en el cementerio si está cerrado? Solamente dos locos como nosotros.

Indagaciones por Madrid

—¡Ya la he encontrado! —Exclama Guillermo triunfante—. ¡Mira! ¡Ahí está!

Lucía y Guillermo corren por el cementerio en dirección a la tumba de El Fary. No les cuesta nada encontrarla: la tumba está llena de flores de sus admiradores.

—Lo que podemos hacer es indagar por su tumba —dice Guillermo.

Guillermo y Lucía levantan los ramos de flores intentando no estropearlos. Lucía coge un enorme ramo de rosas rojas envuelto en papel de regalo. El ramo se le escapa de las manos y cae al suelo. El papel se ha roto.

—¡Ponen tanto papel alrededor de estas rosas!... Pero... ¿Qué es esto? Parece tela.

Guillermo se aproxima para ver mejor. Juntos despliegan la tela y descubren poco a poco dos lienzos pintados.

—¿Crees que es esto lo que buscamos? —Pregunta Guillermo.

Una voz masculina le contesta:

—¡Manos arriba! ¡No os mováis!

Comprensión lectora y auditiva

1 Marca con una ✗ si las afirmaciones son verdaderas (V) o falsas (F). Justifica tus respuestas. Luego ordena cronológicamente la historia numerando las frases del 1 al 9.

                                                                 V F

a ☐ Lucía encuentra la tumba de Francisco Umbral. ☐ ☐

....

b ☐ El teléfono de Guillermo suena. ☐ ☐

....

c ☐ Lucía encuentra unos lienzos. ☐ ☐

....

d ☐ El vigilante no les ve entrar en el cementerio. ☐ ☐

....

e ☐ Guillermo y Lucía piensan que deben buscar en la tumba de El Fary. ☐ ☐

....

f ☐ El taxista regala a nuestros amigos un plano del cementerio. ☐ ☐

....

g ☐ Cuando Lucía y Guillermo llegan al cementerio, está cerrado. ☐ ☐

....

h ☐ Lucía está segura de haber visto algo. ☐ ☐

....

i ☐ Lucía no tiene miedo. ☐ ☐

....

¿Cómo suena?

12 **1** Marca con una **X** si oyes el sonido [g] como *gol*, el sonido [j] como *jefe*, o los dos en la misma palabra.

	1	2	3	4	5	6	7	8
[g]								
[j]								
[g y j]								

13 **2** Escucha la grabación y completa las frases con *g* o con *j*.

1 Las __rasas en__ordan.
2 Supon__o que __asta más de lo que __ana.
3 Este chico es muy __ovial.
4 El __uez es __usto.
5 Te lo pa__aré todo si __ano en las apuestas.
6 Esta mu__er es muy __uapa.

14 **3** Dictado.

....
....
....
....

Léxico

1 Intenta memorizar las palabras que se encuentran a continuación. Las vas a necesitar para hacer el ejercicio de la página siguiente.

> pintura figurativa, abstracta, impresionista   un retrato, una
> naturaleza muerta, un paisaje   un cuadro rectangular, cuadrado
> una puerta   un espejo   un perro   un caballete

2 Mira el cuadro *Las Meninas* de Diego de Silva Rodríguez y Velázquez y descríbelo con la ayuda de las expresiones siguientes.

Es una pintura ...., del barroco español, pintada en 1656, conocida también con el título *La familia de Felipe IV*.

Es un cuadro ....

En la composición hay once personas.

En el primer plano a la izquierda hay ....

y a la derecha hay ....

....

En segundo plano ....

....

....

Al fondo...

Los colores empleados son ....

3 Encuentra las palabras escondidas en la serpiente de letras ayudándote de las indicaciones dadas.¡ Atención hay letras de más!

1 Reaccionar bruscamente después de haber sido sorprendido.

....

2 Un arma que lanza balas. ....

3 Acción de arrestar. ....

4 Se dice de alguien o de algo muy conocido. ....

5 Una manera de contar un acontecimiento. ....

6 Dicho con convicción. ....

7 Un grupo de personas deshonestas. ....

Expresión oral y escrita

1 En tu opinión ¿Quién pronuncia la última frase del capítulo? Imagina lo que sucede en el último capítulo de la historia.

2 Los indicios que se encuentran a continuación, dan pistas de tres guiones posibles para el último capítulo. Escribe una conclusión con cada uno de ellos. Tú decides el final.

¿Quién ha hablado?	¿Por qué?	¿Qué sucede?
1 El chofer del taxi	Piensa que Guillermo y Lucía encontrarán dinero.	Guillermo y Lucía escapan de él.
2 El hombre del sobre	Guillermo y Lucía han conseguido descifrar el mensaje para él.	Él ata a Guillermo y Lucía y los esconde.
3 El vigilante del cementerio	Toma a Guillermo y Lucía por ladrones.	Los dos amigos huyen por el cementerio.

Capítulo 7

Los hombres
de la cazadora

Guillermo y Lucía se sobresaltan. Se giran. Dos hombres con cazadora apuntan una pistola en su dirección. Guillermo los reconoce de inmediato: ¡son los del Parque del Retiro!

—¡Ya era hora! ¡Nos habéis hecho correr, chicos!

—¡Cuidado! —Contesta Guillermo—. Trabajamos para los servicios secretos españoles. Nuestros colegas van a llegar de un momento a otro.

Los dos hombres se ríen a carcajadas. El más alto le dice:

—Muy divertido. ¡Pues mira, yo soy el presidente del gobierno y te presento a mi amigo el rey de España!

—No estoy para bromas. ¿Acaso no conocen al señor Tino y al señor Benítez? Son...

El más alto de los dos se acerca a Guillermo, y le presenta su tarjeta de identificación de inspector de policía ante los ojos.

Indagaciones por Madrid

—Los conocemos muy bien e igualmente les hemos arrestado. Vuestros «colegas» os esperan en la brigada provincial de policía judicial. Así que ¡allá vamos!

Guillermo mira a Lucía inquieto. La brigada de policía judicial, es la brigada criminal, es tanto como decir, que es la policía que se ocupa de los asuntos importantes...

Una hora más tarde, Lucía está sentada en el despacho del inspector de policía.

El inspector ha puesto delante de ella los lienzos que estaban enrollados en el ramo de flores.

—¿Sabes lo que son? —Le pregunta.

—Son dos cuadros —contesta Lucía.

—¡Estupendo! ¿Y qué más?

Lucía no sabe qué contestar. El inspector le explica que se trata de dos lienzos muy famosos, *Vistas del jardín de la Villa Médicis* pintados por Diego de Silva y Velázquez.

—Los robaron la semana pasada del Museo del Prado.

Lucía dice que nunca los había visto antes.

—En ese caso, ¿qué hacías con los lienzos entre las manos en la tumba de El Fary?

Lucía cuenta toda la historia. Comienza por el hombre del sobre en el Parque del Retiro y termina en la tumba de El Fary, en el cementerio de la Almudena. El inspector escucha atentamente. A continuación hace pasar a Guillermo a su despacho, le muestra los lienzos y le hace las mismas preguntas que a Lucía.

—¿Sabes lo que son?

—He visto un reportaje en la televisión la semana pasada —contesta Guillermo—. Se trata de unos cuadros célebres que alguien ha robado, pero no me acuerdo de sus nombres.

Guillermo cuenta a su vez, todo lo que sucedió desde el inicio de la tarde. El inspector lo escucha con mucha atención. La versión de Guillermo es idéntica a la de Lucía. El inspector pregunta a nuestros dos amigos:

—¿Qué sabéis de Tino y de Benítez? *anyone both side of story*

—Solamente lo que acabamos de contarle —declara Lucía.

El teléfono del despacho comienza a sonar. El inspector responde.

—Sí... De acuerdo, ¿estás seguro?... Perfecto...

Cuelga el teléfono y mira sonriendo a Guillermo y a Lucía:

—Tenéis suerte los dos. Los otros han afirmado no conoceros de nada.

—¿Qué otros? —Pregunta Guillermo.

El inspector les explica que el hombre del sobre, Tino y Benítez pertenecen a una banda de traficantes de obras de arte. Son ellos los que han robado las *Vistas del jardín de la Villa Médicis* de Diego de Silva y Velázquez la semana pasada.

—Pero ¿por qué el hombre del sobre me ha hablado de los servicios secretos españoles? —pregunta Guillermo.

—Al hablar de los servicios secretos, esperaba impresionarte y lo ha conseguido.

Guillermo pide excusas y dice que ambos, Lucía y él, han sido unos tontos.

—Al contrario —responde el inspector—, habéis llevado a término estupendamente la investigación. Sin vosotros, quizá nunca íbamos a encontrar los lienzos. Nos habéis hecho correr, eso sí... Pero ¿por qué os habéis arriesgado de ese modo?

Guillermo y Lucía se miran. ¿Por qué? A decir verdad, no lo saben.

Indagaciones por Madrid

—Creo que Guillermo quería impresionarme —dice Lucía sonriendo.

—¡No exageres! Eres tú la que decía que hacía muy buen tiempo para meterse en un cine.

—Digamos entonces, que ¡queríamos vivir una experiencia extraordinaria! ¿Nos podemos marchar ya?

—Sois menores de edad. Vamos a llamar a vuestros padres, vendrán a buscaros. Quería haceros, de todos modos, una última pregunta, ¿cómo conseguisteis desaparecer en el vestíbulo de la estación del metro?

Guillermo mira con satisfacción a Lucía.

—Es un viejo truco de agente secreto —le dice—. Se llama el truco del fotomatón.

Comprensión lectora

1 Marca con una ✗ la opción correcta.

1   ¿Con qué apuntan los dos hombres a Lucía y a Guillermo?

   a ☐ Con su carné de policía.

   b ☐ Con un lápiz.

   c ☐ Con su pistola.

2   ¿Qué es la brigada provincial de policía judicial?

   a ☐ Una estación de metro.

   b ☐ Un cementerio.

   c ☐ La sede de la policía.

3   ¿Dónde interroga el inspector a Lucía y a Guillermo?

   a ☐ En su despacho.

   b ☐ En un jardín.

   c ☐ En el cine.

4   ¿Qué ha robado la banda de traficantes?

   a ☐ Un banco.

   b ☐ Un ramo de flores.

   c ☐ Unos lienzos.

5   ¿Con quién habla al teléfono el inspector?

   a ☐ Con el taxista.

   b ☐ Con un colega.

   c ☐ Con el padre de Lucía.

6   ¿Quién va a venir a buscar a nuestros amigos?

   a ☐ El señor Tino.

   b ☐ El señor Benítez.

   c ☐ Sus padres.

Léxico

1 Completa la biografía de Diego Rodríguez de Silva y Velázquez con la ayuda de las palabras propuestas.

Diego Rodríguez de Silva y Velázquez es una de las mayores referencias de la (1) .... española de todos los tiempos. Se le considera uno de los mayores pintores de la historia. Nació en Sevilla el 6 de junio de 1599; por parte de madre era de (2) .... sevillano y por parte de padre portugués. A los once años comenzó a (3) .... pintura en el taller de Francisco Herrera el Viejo y poco después, aprendió con Francisco Pacheco. A los dieciocho años, (4) .... como pintor independiente en su ciudad natal. Al año siguiente se casó con la hija de su maestro, Juana Pacheco. De 1617 a 1623 se desarrolló su etapa sevillana, caracterizada por el estilo tenebrista (técnica del claroscuro) influenciado por Caravaggio. La obra más famosa de aquella época fue *El aguador de Sevilla*. En 1623 se trasladó a Madrid donde obtuvo el (5) .... de pintor del rey Felipe IV, gran amante de la pintura y de ese modo comenzó su ascenso en la Corte española. Realizó retratos del rey. De aquella época data *Los borrachos*. Conoció a Peter Paul Rubens cuando este viajó a Madrid, quien le aconsejó visitar Italia y estudiar la técnica renacentista, así que en 1629 viajó a Italia donde realizó su segundo (6) .... al estudiar las obras de Tiziano, Tintoretto, Michelangelo, Raffaello y Leonardo. En Italia pintó *La fragua de Vulcano*. En 1649 realizó su segundo viaje a Italia (7) .... ante el Papa Inocencio X al que hizo un excelente retrato. En 1651 regresó a Madrid. De aquellos años datan *Las hilanderas* y *Las Meninas*. Murió en Madrid el 6 de agosto de 1660 a los 61 años.

1	a	escultura	b	pintura	c	arquitectura
2	a	estirpe	b	nacionalidad	c	origen
3	a	aprender	b	ensayar	c	esbozar
4	a	se alojó	b	se instaló	c	se colocó
5	a	nombre	b	diploma	c	título
6	a	instrucción	b	aprendizaje	c	estudio
7	a	ganando	b	prosperando	c	triunfando

1 Marca con una ✗ la opción correcta en estas frases sobre Madrid.

1 Una epidemia casi dejó deshabitada a Madrid en

a ☐ el siglo XIV.

b ☐ el siglo XII.

c ☐ el siglo XIII.

2 La puerta del Sol es también

a ☐ la sede del gobierno autonómico.

b ☐ la oficina de correos.

c ☐ la Casa Real.

3 La estatua del oso y del madroño se encuentra

a ☐ el la plaza Mayor.

b ☐ en el Parque del Retiro.

c ☐ en la puerta del Sol.

4 Se denomina Triángulo del oro a

a ☐ la zona de las joyerías.

b ☐ la zona de los bancos.

c ☐ la zona de los museos.

5 El edificio del Museo del Prado es de estilo

a ☐ Clásico.

b ☐ Neoclásico.

c ☐ Neogótico.

6 La colección más importante del Museo del Prado es la de

a ☐ pintura italiana.

a ☐ pintura flamenca.

a ☐ pintura española.

7 El Museo Nacional Reina Sofía cubre el periodo desde

a ☐ el siglo XIX a la actualidad.

b ☐ el siglo XX a la actualidad.

c ☐ el siglo XVIII a la actualidad.

8 La colección del Museo Thyssen empezó a formarse hacia

a ☐ 1920.

b ☐ 1820.

c ☐ 1914.

9 El Museo Thyssen contiene pintura americana del

a ☐ siglo XVIII.

b ☐ siglo XVI.

c ☐ siglo XVII.

10 El Museo Thyssen contiene una colección del Renacimiento alemán

a ☐ tan rica como la del museo del Prado.

b ☐ más rica que la del museo del Prado.

c ☐ menos rica que la del museo del Prado.

11 *Las Meninas* pertenece al estilo

a ☐ Renacentista.

b ☐ Neoclásico.

c ☐ Barroco.

12 En *Las Meninas* aparecen

a ☐ 13 personas.

b ☐ 12 personas.

c ☐ 11 personas.

13 *Las Meninas* también se conoce con el nombre de

a ☐ *La familia de Felipe V.*

b ☐ *La familia de Felipe II.*

c ☐ *La familia de Felipe IV.*

2 **Marca con una ✗ el significado de las frases siguientes.**

1   Me sé la lección de cabo a rabo.

   a   ☐   No me la sé.

   b   ☐   Me la sé con dificultad.

   c   ☐   Me la sé de principio a fin.

2   El profesor no me ha preguntado la lección. De buena me he librado, pues no me la sé.

   a   ☐   He perdido una buena ocasión.

   b   ☐   He aprovechado la ocasión.

   c   ☐   He escapado de una ocasión comprometida.

3   En menos que canta un gallo voy a tu casa.

   a   ☐   Voy mañana al amanecer.

   b   ☐   Voy antes de que cante el gallo.

   c   ☐   Voy en muy poco tiempo.

4   No he aprobado las matemáticas. Estoy por tirar la toalla.

   a   ☐   Voy a seguir insistiendo.

   b   ☐   Voy a desistir.

   c   ☐   Voy a impacientarme.

5   ¿Te han expulsado de clase? Me dejas de piedra.

   a   ☐   Me dejas tranquilo.

   b   ☐   Me dejas sorprendido.

   c   ☐   Me dejas nervioso.